# あなたの
# まわりに
# 「いいこと」が起きる
# 70の言葉

中谷彰宏

AKIHIRO NAKATANI

毎日新聞出版

# あなたのまわりに「いいこと」が起きる70の言葉

# 言葉は、
# 大切な人への最高のプレゼントだ。

「プレゼントをもらうとしたら、何が一番欲しいですか」

と聞かれました。

僕が一番嬉しいプレゼントは、「言葉」です。

子どもの頃、父親がよくプレゼントをくれました。

「これ、あげよう」

ものではなく、便箋に万年筆で書かれた言葉でした。

「僕の好きな言葉」

父親は、自分が感動した言葉を、僕にくれました。

僕は、その便箋をベッドの中に入れていました。

ベッドは、僕の宝物を入れる場所でした。

ベッドの中に入れておくと、夢の中にも、出てくるような気がしていたからです。

辛いことがあった時、ベッドの中から、防虫剤の香りのするその言葉を出して読み返しました。

ちょっと、元気が出ました。

「言葉」は、大昔は、魔法の呪文から始まったに違いありません。

今、僕が「言葉」をプレゼントする仕事をしているのは、父親からもらった「言葉のプレゼント」が嬉しかったからです。

僕は、大切な人には「言葉」をプレゼントするようにしています。

01

扉がひとつ閉じると、
ひとつ開く。
一人去ると、
一人現れる。

次の扉が開いてから、今の扉が閉まってほしいけど、
逆なんですね。
扉がひとつ閉まったら、
まもなく、次の扉が開きます。
一人いなくなったら、
まもなく、一人が現れるので、楽しみに。

02

誰も見てくれて
いない時に、
神様が
見てくれている。

せっかく頑張った時に限って、
誰も見ていないもんですね。
でも、大丈夫。神様という
一番すごい上司が、見てくれているからね。

03

自分に、
セカンドチャンスを
与えよう。

「もうダメだ」って決めているのは、
相手ではなくて、自分自身なんですね。
相手は、もう一度来るのを、待っています。
セカンドチャンスのハンコを押すのは、
相手ではありません。
自分自身で、再トライ許可証のハンコを押しましょう。

04

上達していない
と感じる時、
いちばん上達している。

「上達していないなあ」と感じるのは、
上達して、目が厳しくなっているからです。
「上達している」と自分で感じている人より、
「上達していない」と感じている人のほうが、
はるかに上達しているので、大丈夫です。

05

トラブルは、
いいことが起こる前に起きる。
トラブルが起こったら、
まもなくいいことが起きる。

トラブルが起きるのは、
良くない前兆ではありません。
トラブルが起きるのは、
いいことが起きる前兆です。
トラブルは、　いいことが起こる
お通しのようなものです。

# 06

日記の書き出しは、
「今日もうまくいった」。
うまくいったことだけを、
書いておこう。

一日の中で、うまくいかないことを
書き出していたら、キリがありません。
失った点数より、得点したことを
思い出しましょう。
それが、毎日の財産です。

07

転ばない練習よりも、
転んでも
失敗に見せない笑顔の
練習をしよう。

周りの人は、失敗に気づきません。
暗い顔をするから、
失敗したんだなと、気づきます。
失敗を失敗に見せない笑顔の
練習をしておきましょう。

08

また、怒られた。
よっぽど、
愛されてるね。

自分ばっかり怒られている。
そんなに期待されている。
そんなにエコヒイキされている。
好きな人にしか、怒らないから。

09

壁に当たったら、
それが、正しい道を
歩いている証拠。

目印は、壁です。
壁に当たらないで、
スイスイ行けたら、
道が間違ってますよ。

10

成長とは、
成功することじゃない。
前より、
失敗のレベルが上がることだ。

成功したら、そこで終わりです。
もっと成功するには、
成功しないように、ハードルを上げて、
失敗のレベルを上げていくことです。

# 11

10対1で負けた。
10点も取られたのではない。
そんな強い相手から、
1点をもぎ取ったのだ。

へこんでいるのは、10点で勝っているのに、
1点取られた相手だろうね。
10点取ることよりも、
1点取ることのほうが、はるかに難しいからね。

12

ボコボコに、
けなされた。
相手は そんなに、
おびえていたんだね。

優しくされたら、
なめられているということです。
ほえる犬は、おびえているのです。
優しくしてあげましょう。

13

死ぬほど忙しいか、
死ぬほどヒマか、
どちらかしかない。
運は、死ぬほど忙しい人に来る。

適度に忙しいって、
ありそうでないんですね。
ほどほどを求めてしまうのが、
一番ムダなことですね。

# 14

失敗する勇気のある人に、
運は味方する。

一回成功すると、
失敗ができなくなります。
成功した後に失敗できる人を、
神様は応援するのです。

# 15

行列が長いからと、
諦めなくていい。
長い行列ほど、
みんな諦めて速く進む。

急いでいるランチタイムであればあるほど、
離脱する人が多いのです。
連れで離脱する人も多いので、
長い行列は、意外に時間がかからないものです。

16

人生の当たりクジは、
ひとつではない。
誰かが出ても、
まだまだ入っている。

奇跡に、定員はありません。

# 17

ピッチャーが
思い切り投げた球は、
審判は
ストライクをコールする。

オドオド投げた球は、
人生の審判である神様は、
ボールとコールします。

18

自己最高記録は、自己最低記録の後に出る。

まだ、自己最低記録に届かない。
もっと、落ちないと。

# 19

体験とは、
「初めて」をどれだけしたかだ。
「初めて」をたくさんする人に、
いいことが起きる。

過去にしたことがあることをしても、
それを体験とは言いません。
体験とは、初めてしたことを指します。

20

やめたい時に、
やめないで続ける人。
それが、プロだ。

楽しい時は、誰もやめたいと思いません。
やめたいと思う瞬間が、
必ず訪れます。
その時に、続けるかどうかで、決まります。

21

誕生日の数字を
見つけたら、
ご先祖様が守っている
という合図。

レジの合計金額。
車のナンバー。
ロッカーの番号。
ご先祖様が、応援してくれています。

22

毎日
コツコツすると、
楽しくなる。

最初から楽しいことはありません。
毎日、コツコツやっていることが、
楽しくなるのです。
時間・お金・労力をかけたものが、
楽しくなるのです。

23

落とされた試験を、
ほめよう。
「いい問題だった」

「問題が悪い」と言っているうちは、
応援者がいなくなります。

24

左脳がごちゃごちゃ
言い始める前に、
右脳で決めると
うまくいく。

左脳は、リスクをとらないのが、得意です。
右脳は、チャンスをつかむのが、得意です。
左脳のほうが強いので、
左脳がお出ましになる前に、右脳でチャンスをつかみましょう。

25

クジは、一番上を引こう。
神様が、一番上に載せてくれている。
かき回さない。

箱の中に手を入れるくじ引きでは、
当たりが、一番底にあるような気がして、
かき回してしまいます。
さっき引いた人も、かき回したので、
一番上が、一番底なのです。

26

クジは、
利き手と逆の
手で引こう。

利き手は、自由が利くので、
神様がせっかく導いてくれているのに、
抵抗して外してしまいます。
利き手でないほうは、
素直に、神様が誘導してくれます。

# 27

成功と失敗があるのではない。
成功と「笑い話」があるだけだ。

失敗したら、笑い話にしてしまおう。
笑えない成功より、笑える失敗のほうが、人生の宝物になるね。

# 28

社交力とは、
誰とでも話せることではない。
初対面の人に、
プロポーズされる力だ。

エレベーターの中で出会った人にでも、
本気でプロポーズさせることができる
という人がいます。

そう考えると、「嫌われない」は
引き分けでしかないですね。

勝ち点を取りにいきましょう。

29

君のチャンスは、
君の苦手な人が
持っている。

苦手な人だからと、
遠ざけていたら、
チャンスを逃してしまいます。

# 30

満席で
入れなかった時に、
出会いがある。

「売り切れ」だった時に別のものを買って、
大ヒットということもあります。
欲しいものがそのまま手に入るのは中幸運で、
大幸運ではないのです。

# 31

自分の仕事ではない
仕事を、
引き受けた時に
チャンスが来る。

「それ、私がしなくてもいいんだけどな」

ということに、チャンスがあります。

## 32

恥をかいた時に、
成長する。
恥をかいた時に、
いいことが起きる。

恥をかくようなことを、しましょう。
できることばかりしていたら、
恥をかくチャンスを、失います。

33

間違って買う本は、ない。
自分では買わない本が、
神様のオススメの本だ。

好みのものばかり選んでいると、
すぐ隣にある、
大きな出会いのチャンスを
逃してしまいます。

# 34

好きな仕事をしたら、
嫌なところが見えてくる。
好きじゃない仕事をしたら、
好きなところが見えてくる。

成功している人の多くは、
本来、別の仕事につきたかった人です。
好きな仕事を探すより、
好きな部分を見つけましょう。

35

人のために使ったお金は
何倍にもなって
返ってくる。
払い過ぎはない。

人のために使ったお金で、
「払い過ぎた」「失敗した」は
ありません。
それ以上になって返ってきます。

# 36

深夜担当か早朝担当かを
選べるなら、早朝担当。
いいことは、
早朝に起こる。

夜はライバルが多いけど、
朝はライバルが少ないですね。
始発電車は、これから行く人が、
イキイキしていますね。

37

得点と失点の
合計が、
幸せ点だ。

幸せかどうかは、得点ではなく、
幸せ点ですね。
ハズレも、宝くじのキャリーオーバーのように、
当たった時の賞金になります。

# 38

しんどいことの中にも、
楽しいことはある。

楽なことの中には、
楽しいことはないんですね。
彩色復元師の荒木かおりさんは、
「楽《たの》しんどかった」と言いました。

# 39

いいことは、
アクシデントから生まれる。
アクシデントが、
旅を楽しくする。

失敗談を話している人は、幸せそうですね。
聞いている人も、自慢話より、
楽しいですね。

40

パンドラの箱は、
最後に
希望が残されている。

パンドラの箱の物語は、
不幸が飛び出てくるという出だしだけを知っていて、
結末を知らない人が多いです。

41

恐竜の骨を見つけるコツは、
「あそこには、ない」と
みんなが言う所を
発掘することだ。

恐竜化石ハンターの小林快次《よしつぐ》さんは、
掘っても見つからない時には
「残された面積が減るということは
見つかる可能性が高くなっている」と考えるそうです。
コツは、あると信じて、掘ること。
1ミリ掘るごとに、視野が広がるのです。

42

幸せは、進化する。
もらう幸せ。
できる幸せ。
与える幸せ。

与える幸せに、
とっとと進化してしまいましょう。
飛び級も、できます。

## 43

幸運の原料の8割は、
不運でできている。

不運は、すき焼きでいえば、
牛肉に当たります。
牛肉のないすき焼きは、
せつないですね。

44

足をつけたままでは、
チャンスはつかめない。
ジャンプする時には、
両足は地面から離れている。

「保険をかけたままで、トライする方法はないですか」

ないですね。

# 45

お金のためにしていないことが、お金になる。

お金持ちは、お金のためにしないので、
ますます儲かります。
お金のないうちは、お金のためにしてしまうので、
ますます儲かりません。
お金のないときほど、お金のためにしないことです。

# 46

アート作品を
安く手に入れる方法は、
誰も評価しない時に
買うことだ。

アーティストは、
お金を払ってくれる人よりも、
評価のない時代に評価してくれる人と、
友達になります。

# 47

一流の美術館は、
つかまされた贋作も
コーナーを作って
展示する。

だまされたことも、後悔することで、
一流になれるのです。

48

今日、
ぶつかったのが
神様だ。

神様は、優しそうな顔で現れません。
今日、電車の中でぶつかってきたのが、神様です。
今日、電車の中で転がってきた空き缶が、神様です。
神様に、ムッとしたり、蹴飛ばしたり、
しなかったかな。

# 49

才能のある人は、努力する。
才能のない人は、工夫する。
才能がそこそこの人が、
才能のない人に追い越される。

才能がないことは、
才能があることと同じくらい、ラッキーなことです。

# 50

運命の人に
出会えたのは、
今まで大勢の人に
ふられたおかげだ。

あの時、ふられていなかったら、
運命の人とは、不倫になってしまっていたね。

51

結果で負けたけど、
伸び代では
勝っている。

結果で勝たなくても、
伸《の》び代《しろ》で勝つことはできます。
結果で勝っても、
伸び代で負けることもあるのです。

# 52

負けたと悔しがること。
クヨクヨ後悔すること。
今この瞬間に後悔できることが
幸せだ。

今、ここに、生きているから、
グチもこぼせるのですね。

53

ゴッホが
傑作を描き続けたのは、
絵が
売れなかったおかげだ。

もし、売れていたら、
売れるための工夫をし始めてしまって、
歴史には残らなかったでしょう。
現世で売れるか、歴史に残るか、
どちらかです。

# 54

観客は、
隠れた役者を
のぞきこむ。

「目立とう、目立とう」とする人は、
意外に目立たないのです。
相手を立てる人が、
実際には、目立つのです。

# 55

ちょちょぎれる
涙が出る人は、
青春を
生きている。

青春は、年齢ではありません。
涙が、ちょちょぎれるかどうかです。
「ちょちょぎれる」には、
悲しさと嬉しさがないまぜになっています。

# 56

お金にも、
評価にも
つながらない仕事が、
人を、成長させる。

残念、お金になっちゃったか。
残念、評価されてしまったか。

# 57

「わかった」と言う人には、
誰も教えてくれない。
「わからない」と言う人に、
神様が教えてくれる。

北斎は、死の直前の88歳の時に言った。

「あと10年、いやあと5年あれば、
本物の画工になれるのに」

黒澤明監督は、80歳の時に言った。

「私は、まだ映画がよくわかっていない」

58

不運って、
大きな幸福と交換できる。
不運が2つ続いたら、
あとひとつ、来るのが楽しみだ。

2つも不運が続いたから、
調子が悪いのではありません。
3つ目が来た時、
「待ってました」と喜ぼう。

59

不運なことが
多い人ほど、
明るくなる。
寛大になる。

暗い人は、不運が少ない人です。
不運が多いから、
「よくあること」と寛大になれるのです。

# 60

どれだけムダなことが
できるかを考える。
いいことは、
ムダから生まれる。

野菜でも、魚でも、
「捨てているところ」に、栄養があるのです。

# 61

先生にめぐりあうコツは、
すべての会った人から
何かひとつを
学ぶことだ。

学ぶコツは、「たったひとつ」で十分です。
たくさん学ぼうとすると、
なかなかそんなすごい先生は現れません。

## 62

トマトを投げつける人は、熱烈なサポーターだ。愛は、トマトと罵声に混じって飛んでくる。

相手チームから、トマトは飛んできません。
ファンではない人からも、トマトは飛んできません。
硬いリンゴにしないところに、
愛がありますね。

# 63

エッフェル塔も、
サクレ・クール寺院も、
できた当初は
ブーイングの嵐だった。

幸運は、ブーイングの中にあります。
最初から称賛されるものは、
その後に不運が待ち構えています。

# 64

沿道で、見ず知らずの人を
応援してしまった。
あなたを応援してくれている
見ず知らずの人がいる。

テレビでスポーツが映ると、
知らない人なのに、
その中の誰かをつい応援している。

65

お母さん、ありがとう。
応援してくれて。
お父さん、ありがとう。
反対しないでいてくれて。

邪魔をしないということも、
応援と同じくらい、大きな応援です。

# 66

人生は、偶然が大事。
だから、
偶然を
計画しなくちゃ。

芸能人水泳大会の名プロデューサーは、
僕にこう教えてくれました。
「ポロリは、演出じゃない。計画的偶然だ」

# 67

夢の国に行くには、
道を間違えて
迷子になることだ。
わざと、迷子になろう。

迷子にならなければ、チャンスはつかめません。
スマホは、わざと迷子になるために、使いましょう。

# 68

難しいと感じることに
チャンスがある。
才能があるから、
難しさがわかるのだ。

「簡単だ」と思うことは、
簡単なのではありません。
難しさが、わかっていないだけなのです。
簡単な仕事はない。
人のやっていることは、簡単そうに見えるだけです。

# 69

本を読んでいて、
降りる駅を乗り過ごす。
戻りでもまた通り過ぎたら、
それが好きなことだ。

本を読んでいて、
目的の駅で降りられているようでは、
それほど好きではない。

# 70

「努力している」と
感じることに、幸運は来ない。
努力と感じない努力をする人に、
幸運は訪れる。

努力していない人にも、幸運は訪れない。

01 扉がひとつ閉じると、ひとつ開く。一人去ると、一人現れる。 4
02 誰も見てくれていない時に、神様が見てくれている。 6
03 自分に、セカンドチャンスを与えよう。 8
04 上達していないと感じる時、いちばん上達している。 10
05 トラブルは、いいことが起こる前に起きる。トラブルが起こったら、まもなくいいことが起きる。 12
06 日記の書き出しは、「今日もうまくいった」。うまくいったことだけを、書いておこう。 14
07 転ばない練習よりも、転んでも失敗に見せない笑顔の練習をしよう。 16
08 また、怒られた。よっぽど、愛されてるね。 18
09 壁に当たったら、それが、正しい道を歩いている証拠。 20

10 成長とは、成功することじゃない。前より、失敗のレベルが上がることだ。 22
11 10対1で負けた。10点も取られたのではない。そんなに強い相手から、1点をもぎ取ったのだ。 24
12 ボコボコに、けなされた。相手はそんなに、おびえていたんだね。 26
13 死ぬほど忙しいか、死ぬほどヒマか、どちらかしかない。運は、死ぬほど忙しい人に来る。 28
14 失敗する勇気のある人に、運は味方する。 30
15 行列が長いからと、諦めなくていい。長い行列ほど、みんな諦めて速く進む。 32
16 人生の当たりクジは、ひとつではない。誰かに出ても、まだまだ入っている。 34
17 ピッチャーが思い切り投げた球は、審判はストライクをコールする。 36
18 自己最高記録は、自己最低記録の後に出る。 38

19 体験とは、「初めて」をどれだけしたかだ。「初めて」をたくさんする人に、いいことが起きる。 40
20 やめたい時に、やめないで続ける人。それが、プロだ。 42
21 誕生日の数字を見つけたら、ご先祖様が守っているという合図。 44
22 毎日コツコツすると、楽しくなる。 46
23 落とされた試験を、ほめよう。「いい問題だった」 48
24 左脳がごちゃごちゃ言い始める前に、右脳で決めるとうまくいく。 50
25 クジは、一番上を引こう。神様が、一番上に載せてくれている。かき回さない。 52
26 クジは、利き手と逆の手で引こう。 54
27 成功と失敗があるのではない。成功と「笑い話」があるだけだ。 56

28 社交力とは、誰とでも話せることではない。初対面の人に、プロポーズされる力だ。 58
29 君のチャンスは、君の苦手な人が持っている。 60
30 満席で入れなかった時に、出会いがある。 62
31 自分の仕事ではない仕事を、引き受けた時にチャンスが来る。 64
32 恥をかいた時に、成長する。恥をかいた時に、いいことが起きる。 66
33 間違って買う本は、ない。自分では買わない本が、神様のオススメの本だ。 68
34 好きな仕事をしたら、嫌なところが見えてくる。好きじゃない仕事をしたら、好きなところが見えてくる。 70
35 人のために使ったお金は何倍にもなって返ってくる。払い過ぎはない。 72
36 深夜担当か早朝担当かを選べるなら、早朝担当。いいことは、早朝に起こる。 74

37 得点と失点の合計が、幸せ点だ。 76
38 しんどいことの中に、楽しいことはある。 78
39 いいことは、アクシデントから生まれる。アクシデントが、旅を楽しくする。 80
40 パンドラの箱は、最後に希望が残されている。 82
41 恐竜の骨を見つけるコツは、「あそこには、ない」とみんなが言う所を発掘することだ。 84
42 幸せは、進化する。もらう幸せ。できる幸せ。与える幸せ。 86
43 幸運の原料の8割は、不運でできている。 88
44 足をつけたままでは、チャンスはつかめない。ジャンプする時には、両足は地面から離れている。 90
45 お金のためにしていないことが、お金になる。 92

46 アート作品を安く手に入れる方法は、誰も評価しない時に買うことだ。 94
47 一流の美術館は、つかまされた贋作《がんさく》もコーナーを作って展示する。 96
48 今日、ぶつかったのが神様だ。 98
49 才能のある人は、努力する。才能のない人は、工夫する。才能がそこそこの人が、才能のない人に追い越される。 100
50 運命の人に出会えたのは、今まで大勢の人にふられたおかげだ。 102
51 結果で負けたけど、伸《の》び代《しろ》では勝っている。 104
52 負けたと悔しがること。クヨクヨ後悔すること。今この瞬間に後悔できることが幸せだ。 106
53 ゴッホが傑作を描き続けたのは、絵が売れなかったおかげだ。 108
54 観客は、隠れた役者をのぞきこむ。 110

55 ちょちょぎれる涙が出る人は、青春を生きている。 112
56 お金にも、評価にもつながらない仕事が、人を成長させる。 114
57 「わかった」と言う人には、誰も教えてくれない。
「わからない」と言う人に、神様が教えてくれる。 116
58 不運3つで、大きな幸福と交換できる。
不運が2つ続いたら、あとひとつ、来るのが楽しみだ。 118
59 不運なことが多い人ほど、明るくなる。寛大になる。 120
60 どれだけムダなことができるかを考える。いいことは、ムダから生まれる。 122
61 先生にめぐりあうコツは、すべての会った人から何かひとつを学ぶことだ。 124
62 トマトを投げつける人は、熱烈なサポーターだ。
愛は、トマトと罵《ば》声に混じって飛んでくる。 126

63 エッフェル塔も、サクレ・クール寺院も、できた当初はブーイングの嵐だった。 128
64 沿道で、見ず知らずの人を応援してしまった。あなたを応援してくれている見ず知らずの人がいる。 130
65 お母さん、ありがとう。応援してくれて。お父さん、ありがとう。反対しないでいてくれて。 132
66 人生は、偶然が大事。だから、偶然を計画しなくちゃ。 134
67 夢の国に行くには、道を間違えて迷子になることだ。わざと、迷子になろう。 136
68 難しいと感じることにチャンスがある。才能があるから、難しさがわかるのだ。 138
69 本を読んでいて、降りる駅を乗り過ごす。戻りでもまた通り過ぎたら、それが好きなことだ。 140
70 「努力している」と感じることに、幸運は来ない。努力と感じない努力をする人に、幸運は訪れる。 142

# 万年筆で書くと、気持ちが出てしまうラブレターになる。

「筆記具は、何が好きですか」

と、聞かれました。

僕は、万年筆が好きです。

父親が、万年筆で書いていました。

父親からの詩のプレゼントも、万年筆で書かれていました。

父親が使っていたモンブランの太字の万年筆を、中学に入学した時にもらいました。

学生服の外側の胸ポケットに挿していました。

万年筆は、知的なアクセサリーでもありました。

授業のノートを、万年筆で書いていました。

ラブレターも、万年筆で書きました。

受け取ってもらえないラブレターは、やがて詩のノートになりました。

詩のノートも、もちろん万年筆で書いていました。

高校で短歌部を作って、短歌を書く時も、万年筆でした。

万年筆で書くことを、短歌部の決まりにして、短歌部の仲間全員が万年筆で書いていました。

万年筆で書くと、気持ちを表現できるからです。

万年筆で書いた瞬間から、その瞬間から、個人的なラブレターになるのです。

### ぱる出版

『選ばれる人、選ばれない人。』

『一流のウソは、人を幸せにする。』

『セクシーな男、男前な女。』

『運のある人、運のない人』

『器の大きい人、小さい人』

『品のある人、品のない人』

### リベラル社

『自分を変える 超時間術』

『一流の話し方』

『一流のお金の生み出し方』

『一流の思考の作り方』

『一流の時間の使い方』

### 秀和システム

『楽しく食べる人は、一流になる。』

『一流の人は、◯◯しない。』

『ホテルで朝食を食べる人は、うまくいく。』

『なぜいい女は「大人の男」とつきあうのか。』

『服を変えると、人生が変わる。』

### 日本実業出版社

『出会いに恵まれる女性がしている63のこと』

『凛とした女性がしている63のこと』

『一流の人が言わない50のこと』

『一流の男　一流の風格』

### 主婦の友社

『あの人はなぜ恋人と長続きするのか』

『あの人はなぜ恋人とめぐりあえるのか』

『輝く女性に贈る 中谷彰宏の運がよくなる言葉』

『輝く女性に贈る　中谷彰宏の魔法の言葉』

### 水王舎

『「人脈」を「お金」にかえる勉強』

『「学び」を「お金」にかえる勉強』

### その他

『一歩踏み出す5つの考え方』(KKベストセラーズ)

『なぜあの人は心が折れないのか』(毎日新聞出版)

『一流の人のさりげない気づかい』(KKベストセラーズ)

『名前を聞く前に、キスをしよう。』(ミライカナイブックス)

『ほめた自分がハッピーになる「止まらなくなる、ほめ力」』(パブラボ)

『なぜかモテる人がしている42のこと』(イースト・プレス　文庫ぎんが堂)

『「ひと言」力。』(パブラボ)

『人は誰でも講師になれる』(日本経済新聞出版社)

『会社で自由に生きる法』(日本経済新聞出版社)

『全力で、1ミリ進もう。』(文芸社文庫)

『「気がきくね」と言われる人のシンプルな法則』(総合法令出版)

『なぜあの人は強いのか』(講談社+α文庫)

『3分で幸せになる「小さな魔法」』(マキノ出版)

『大人になってからもう一度受けたい コミュニケーションの授業』(アクセス・パブリッシング)

『運とチャンスは「アウェイ」にある』(ファーストプレス)

『大人の教科書』(きこ書房)

『モテるオヤジの作法2』(ぜんにち出版)

『かわいげのある女』(ぜんにち出版)

『壁に当たるのは気モチイイ　人生もエッチも』(サンクチュアリ出版)

『ハートフルセックス』【ロング新書】(KKロングセラーズ)

書画集『会う人みんな神さま』(DHC)

ポストカード『会う人みんな神さま』(DHC)

## 面接の達人

### ダイヤモンド社

『面接の達人　バイブル版』

『本番力を高める57の方法』
『運が開ける勉強法』
『ラスト3分に強くなる50の方法』
『答えは、自分の中にある。』
『思い出した夢は、実現する。』
『面白くなければカッコよくない』
『たった一言で生まれ変わる』
『スピード自己実現』
『スピード開運術』
『20代自分らしく生きる45の方法』
『大人になる前にしなければならない50のこと』
『会社で教えてくれない50のこと』
『大学時代しなければならない50のこと』
『あなたに起こることはすべて正しい』

## PHP研究所

『メンタルが強くなる60のルーティン』
『なぜランチタイムに本を読む人は、成功するのか。』
『なぜあの人は余裕があるのか。』
『中学時代にガンバれる40の言葉』
『中学時代がハッピーになる30のこと』
『14歳からの人生哲学』
『受験生すぐにできる50のこと』
『高校受験すぐにできる40のこと』
『ほんのささいなことに、恋の幸せがある。』
『高校時代にしておく50のこと』
『中学時代にしておく50のこと』

(PHP文庫)
『もう一度会いたくなる人の話し方』
『お金持ちは、お札の向きがそろっている。』
『たった3分で愛される人になる』
『自分で考える人が成功する』
『大学時代しなければならない50のこと』

## だいわ文庫

『いい女の話し方』
『「つらいな」と思ったとき読む本』
『27歳からのいい女養成講座』
『なぜか「HAPPY」な女性の習慣』
『なぜか「美人」に見える女性の習慣』
『いい女の教科書』
『いい女恋愛塾』
『やさしいだけの男と、別れよう。』
『「女を楽しませる」ことが男の最高の仕事。』
『いい女練習帳』
『男は女で修行する。』

## 学研プラス

『美人力』(ハンディ版)
『嫌いな自分は、捨てなくていい。』

## 阪急コミュニケーションズ

『いい男をつかまえる恋愛会話力』
『サクセス&ハッピーになる50の方法』

## あさ出版

『「いつまでもクヨクヨしたくない」とき読む本』
『「イライラしてるな」と思ったとき読む本』

## きずな出版

『いい女は「涙を背に流し、微笑みを抱く男」とつきあう。』
『ファーストクラスに乗る人の自己投資』
『いい女は「紳士」とつきあう。』
『ファーストクラスに乗る人の発想』
『いい女は「言いなりになりたい男」とつきあう。』
『ファーストクラスに乗る人の人間関係』
『いい女は「変身させてくれる男」とつきあう。』
『ファーストクラスに乗る人の人脈』
『ファーストクラスに乗る人のお金』
『ファーストクラスに乗る人のお金2』
『ファーストクラスに乗る人の仕事』
『ファーストクラスに乗る人の教育』
『ファーストクラスに乗る人の勉強』
『ファーストクラスに乗る人のノート』
『ギリギリセーーフ』

## PHP研究所

『もう一度会いたくなる人の聞く力』

『【図解】仕事ができる人の時間の使い方』

『仕事の極め方』

『【図解】「できる人」のスピード整理術』

『【図解】「できる人」の時間活用ノート』

（PHP文庫）

『入社3年目までに勝負がつく77の法則』

## 【オータパブリケイションズ】

『せつないサービスを胸きゅんサービスに変える』

『レストラン王になろう2』

『改革王になろう』

『サービス王になろう2』

『サービス刑事』

## あさ出版

『気まずくならない雑談力』

『人を動かす伝え方』

『なぜあの人は会話がつづくのか』

## 学研プラス

文庫『片づけられる人は、うまくいく。』

『なぜ あの人は2時間早く帰れるのか』

『チャンスをつかむプレゼン塾』

文庫『怒らない人は、うまくいく。』

『迷わない人は、うまくいく。』

文庫『すぐやる人は、うまくいく。』

『シンプルな人は、うまくいく。』

『見た目を磨く人は、うまくいく。』

『決断できる人は、うまくいく。』

『会話力のある人は、うまくいく。』

『片づけられる人は、うまくいく。』

『怒らない人は、うまくいく。』

『ブレない人は、うまくいく。』

『かわいがられる人は、うまくいく。』

『すぐやる人は、うまくいく。』

## リベラル社

『問題解決のコツ』

『リーダーの技術』

## その他

『歩くスピードを上げると、頭の回転は速くなる』（大和出版）

『結果を出す人の話し方』（水王舎）

『一流のナンバー2』（毎日新聞出版）

『なぜ、あの人は「本番」に強いのか』（ぱる出版）

『「お金持ち」の時間術』（二見書房・二見レインボー文庫）

『仕事は、最高に楽しい。』（第三文明社）

『「反射力」早く失敗してうまくいく人の習慣』（日本経済新聞出版社）

『伝説のホストに学ぶ82の成功法則』（総合法令出版）

『リーダーの条件』（ぜんにち出版）

『成功する人の一見、運に見える小さな工夫』（ゴマブックス）

『転職先はわたしの会社』（サンクチュアリ出版）

『あと「ひとこと」の英会話』（DHC）

# 恋愛論・人生論

## ダイヤモンド社

『なぜあの人は感情的にならないのか』

『なぜあの人は逆境に強いのか』

『25歳までにしなければならない59のこと』

『大人のマナー』

『あなたが「あなた」を超えるとき』

『中谷彰宏金言集』

『「キレない力」を作る50の方法』

『30代で出会わなければならない50人』

『20代で出会わなければならない50人』

『あせらず、止まらず、退かず。』

『明日がワクワクする50の方法』

『なぜあの人は10歳若く見えるのか』

『成功体質になる50の方法』

『運のいい人に好かれる50の方法』

# 主な作品一覧

## ビジネス

### ダイヤモンド社

『50代でしなければならない55のこと』
『なぜあの人の話は楽しいのか』
『なぜあの人はすぐやるのか』
『なぜあの人の話に納得してしまうのか[新版]』
『なぜあの人は勉強が続くのか』
『なぜあの人は仕事ができるのか』
『なぜあの人は整理がうまいのか』
『なぜあの人はいつもやる気があるのか』
『なぜあのリーダーに人はついていくのか』
『なぜあの人は人前で話すのがうまいのか』
『プラス1%の企画力』
『こんな上司に叱られたい。』
『フォローの達人』
『女性に尊敬されるリーダーが、成功する。』
『就活時代しなければならない50のこと』
『お客様を育てるサービス』
『あの人の下なら、「やる気」が出る。』
『なくてはならない人になる』
『人のために何ができるか』
『キャパのある人が、成功する。』
『時間をプレゼントする人が、成功する。』
『ターニングポイントに立つ君に』
『空気を読める人が、成功する。』
『整理力を高める50の方法』
『迷いを断ち切る50の方法』
『初対面で好かれる60の話し方』
『運が開ける接客術』
『バランス力のある人が、成功する。』
『逆転力を高める50の方法』
『最初の3年その他大勢から抜け出す50の方法』
『ドタン場に強くなる50の方法』
『アイデアが止まらなくなる50の方法』
『メンタル力で逆転する50の方法』
『自分力を高めるヒント』
『なぜあの人はストレスに強いのか』
『スピード問題解決』
『スピード危機管理』
『一流の勉強術』
『スピード意識改革』
『お客様のファンになろう』
『大人のスピード時間術』
『なぜあの人は問題解決がうまいのか』
『しびれるサービス』
『大人のスピード説得術』
『お客様に学ぶサービス勉強法』
『大人のスピード仕事術』
『スピード人脈術』
『スピードサービス』
『スピード成功の方程式』
『スピードリーダーシップ』
『大人のスピード勉強法』
『一日に24時間もあるじゃないか』
『出会いにひとつのムダもない』
『お客様がお客様を連れて来る』
『お客様にしなければならない50のこと』
『30代でしなければならない50のこと』
『20代でしなければならない50のこと』
『なぜあの人は気がきくのか』
『なぜあの人はお客さんに好かれるのか』
『なぜあの人は時間を創り出せるのか』
『なぜあの人は運が強いのか』
『なぜあの人にまた会いたくなるのか』
『なぜあの人はプレッシャーに強いのか』

### ファーストプレス

『「超一流」の会話術』
『「超一流」の分析力』
『「超一流」の構想術』
『「超一流」の整理術』
『「超一流」の時間術』
『「超一流」の行動術』
『「超一流」の勉強法』

## 中谷 彰宏　Akihiro Nakatani

1959年、大阪府生まれ。早稲田大学第一文学部演劇科卒業。博報堂に入社し、8年間のCMプランナーを経て、91年に独立し、株式会社中谷彰宏事務所を設立。人生論、ビジネス書から恋愛エッセイ、小説まで、多くのロングセラー、ベストセラーを世に送り出す。「中谷塾」を主宰し、全国でワークショップ、講演活動を行う。

【中谷彰宏　公式サイト】http://an-web.com/

本の感想など、どんなことでも、
あなたからのお手紙を
楽しみにしています。
他の人に読まれることはありません。
僕は、本気で読みます。

（送り先）
〒102-0074
東京都千代田区九段南1-6-17　千代田会館5階
毎日新聞出版　図書第二編集部気付　中谷彰宏 行
※食品、現金、切手等の同封は、ご遠慮ください（編集部）

中谷彰宏は、盲導犬育成事業に賛同し、この本の印税の一部を（公財）日本盲導犬協会に寄付しています。

視覚障害その他の理由で活字のままでこの本を利用できない人のために、営利を目的とする場合を除き「録音図書」「点字図書」「拡大写本」等の製作をすることを認めます。その際は著作権者、または出版社までご連絡ください。

装丁　渡邊民人（TYPEFACE）
本文デザイン・DTP　清水真理子（TYPEFACE）
校正　東京出版サービスセンター

# あなたのまわりに「いいこと」が起《お》きる70の言葉《ことば》

印刷　2017年7月20日
発行　2017年8月5日

著者　中谷彰宏《なかたにあきひろ》

発行人　黒川昭良
発行所　毎日新聞出版
〒102-0074
東京都千代田区九段南1-6-17　千代田会館5階
営業本部　03(6265)6941
図書第二編集部　03(6265)6746
印刷 製本　中央精版
ISBN978-4-620-32457-9